97歳 料理家

タミ先生の台所おさらい帖

桧山タミ

はじめに

九州・博多で、料理塾を続けて60年ほど。94歳で、ひと区切りをつけました。97歳になった今、わたしは都会のマンションから、息子のいる山の家へ住まいを移しました。

そこで「台所じまい」として、塾生と一緒にわたしの愛用してきた道具をあれこれ見直しました。旅先から持ち帰った鍋や器、70年近く使い続けている道具、エプロンまで。17歳で料理を習ってからずっと、わたしは「おいしいものを心を込めてつくれる人」になりたかった。だから、自分の体の一部のように気持ちよく使えて信頼できる道具を選んできたように思います。

愛着があるものには昔ながらの道具も多く、中には今はもう手に入らないものもあります。古いものがよくて新しいものがよくないと、すすめるわけではありません。ただ、昔から使い続けられている道具は、日本の暮らしと結びつき、長く愛されてきただけの知恵があることを知っていただきたい。

最近の「便利・簡単」だけを求めるものとはちょっと違うと思いますよ。

もし何を選んでいいか迷ったら、自分らしい料理、暮らしをよく考えることです。自分なりのものさしを持って、あなたの相棒になってくれる道具を少しずつ揃えていけばいいんです。

この本は、わたしに似て知りたがり屋の塾生のひとりが「どこで？　どうやって？　どこが気に入って？」と、懐かしい記憶も根気強く聞きだし書き留めてくれました。料理も若い塾生たちが力を合わせて、桧山料理塾の台所道具でこしらえたもの。この「台所おさらい帖」に込めた知恵と工夫、それに料理の楽しみが、みなさんの暮らしのお役に立てば嬉しいです。

感謝を込めて

97歳の春　桧山タミ

もくじ

2 日々ごはんの頼れるもの

3
暮らしと心を彩るもの

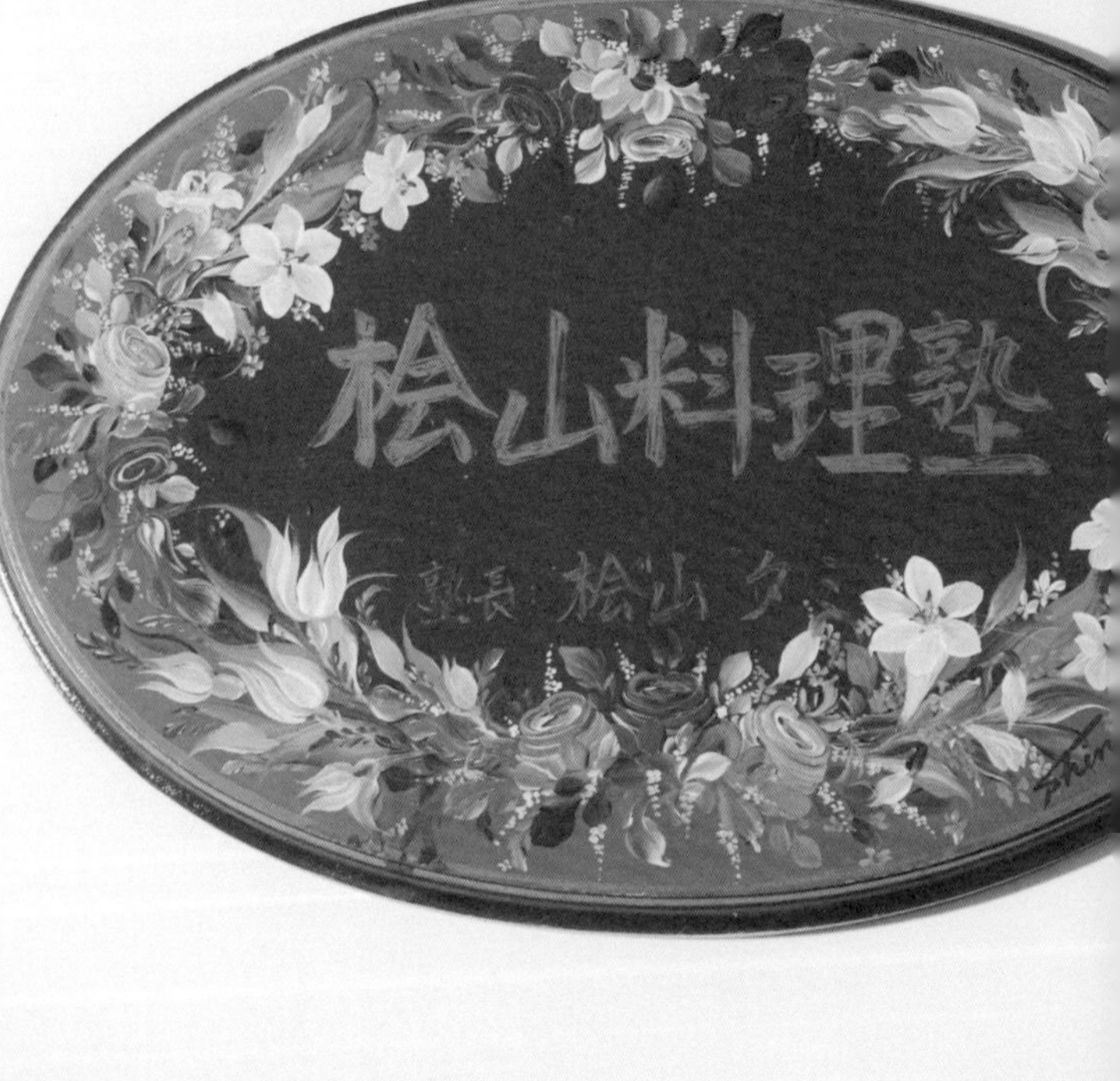

column

レシピについて

◎計量の単位は、1カップは200cc、大さじ１は15mℓ、小さじ１は5mℓです。

◎調理時間・火力は各家庭の設備で変わってきますので、様子を見ながら加減して調整してください。

『わたしは宝石より
よい鍋が好き。
鍋なら家族みんなが
温まるから』

I

わたしを育んでくれたもの

道しるべの銅ソテーパン

「泣いてないで、料理にいらっしゃい」
そう声をかけてくださったのは、料理研究家の草分けである江上トミ先生です。30歳で夫を突然亡くし、幼い子供たちを抱え途方に暮れていたときでした。17歳から先生のそばで無我夢中に学んできましたが、そのおかげで、料理で身を立てることができました。

あるとき「あなたはいつも頑張っているからこの鍋をあげましょう」と江上先生から差し出されたのが、この銅のソテーパン。先生がフランスにお住まいだった1929年頃に買われ、毎日のように使われていた大切なもの。「料理とともに生きたい」というわたしの思いをくみ、愛情深く背中を押してくださったのです。

その後、わたしは独立し、兄の仕事場の一室で小さな料理教室を始めました。どんな困難があっても、この鍋を見るたびに励まされ、わたしの台所と人生のお守りになりました。

江上料理学院で講師を始めた頃のわたし。30代、息子たちを育てるために料理を仕事に。

PARIS
サンデーきっちん
江上トミ
U.S.A
毎日新聞社
NTILLY

ル・クルーゼ 青のコケル

出会いは60年ほど前、フランス・アルザス地方のストラスブール。立ち寄ったレストランで、素敵！　と見入ったのが、ル・クルーゼのコケルでした。青好きのわたしは、鮮やかなブルーと、日本の鍋にはない長四角い形が、一目で気に入りました。帰国してもコケルの姿が忘れられずに、海外の鍋を取り扱う東京・御徒町《おかちまち》の道具屋さんに輸入してもらって、手に入れたのです。

コケルはデザインの美しさにも惹かれましたが、なにより重たい蓋が素材の旨みを閉じ込めて、ポトフやラタトゥイユなどの煮込み料理が抜群。家族や塾生のみんなが大好きなチキンカレーも、トマトを入れて蒸し煮にするので、よくこれでこしらえたものです。

サイズ違いで2つを愛用。大きめは煮込みに、小さめは煮汁が少ない調理にと使い分けています。

火を消しても
ずっと温かいから、
おいしく味が染みて
いきます。

ポイントは玉ねぎ。
飴色になるまで
じっくり炒めると
味わい深くなります。

タミ流チキンカレー

材料（3～4人分）

鶏肉ぶつ切り……500g
玉ねぎ……2個
トマト……3個
ニンニク……1カケ
バター……大さじ1
カレー粉……大さじ1～2
ローリエ……1枚
塩・コショウ……適量

つくり方

1 玉ねぎ、ニンニクはみじん切りに、トマトはざく切りにする。鶏肉は軽く塩・コショウで下味をつける。

2 鍋を弱火でゆっくり温め、バター、ニンニクを入れ、香りが出てきたら玉ねぎを加えて中弱火で炒める。飴色になったら、鶏肉を入れ、表面に火を通す。

3 カレー粉を入れて香りが立ったら、トマト、ローリエを加える。蓋をしてしばらく蒸し煮に。ときどき混ぜ、焦げそうなときは水を足す。

4 トマトが煮詰まったら、塩・コショウで味を調える。

フランスの銅鍋いろいろ

フランスで訪れた一流レストランの厨房には、必ずといっていいほど銅鍋がずらりと並んでいました。銅は食材にすぐに熱が通り、味が染みやすく、弱火にしておけば同じ温度で均一に熱を伝えてくれるので、長時間の煮込み料理もおまかせです。とくに料理人たちに愛されているのがモヴィエル社の銅鍋。わたしもフランスに行くたびに少しずつ買い足して、10個以上は揃えたでしょうか。

うちのキッチン棚に並ぶ銅鍋の数の多さに、よく驚かれますが、お飾りではありませんよ。ソテーパンは、焼き物や煮込みに。楕円の鍋は魚の形に合わせて。丸いボウル型は卵とお酒でつくるソース専用。形の違う鍋にはそれぞれ用途があることを、料理を通して塾生のみんなに伝えてきました。銅鍋はお安いものではないけれど、一生の相棒と思える鍋です。楽しくつくっておいしく食べたい、わたしのような食いしんぼうを支えてくれています。

お手入れを
怠らずに
かわいがれば
銅鍋は一生の友に
なりますよ。

湿気は変色のもと。
洗った後は火にかけ、
軽く水分を飛ばして。

塩と酢で磨くのが
基本ですが、私は
あまった梅紫蘇でも。

銅鍋使いのコツ

調理のとき

・炒め物は、鍋を少し温めて油を十分にならしてから使う。

・食材の表面が焼けてくると、食材が鍋肌から離れやすくなるので、すぐに動かさないように。

＊調理後は（コーティングが施された鍋でも）、鍋の中におかずを長時間放置せず、別容器に移すこと。

お手入れ

・洗剤を使わずお湯でふやかして汚れを落とす。硬いスポンジを使うと傷になるので気をつけて。

・銅の変色には、「塩と酢を混ぜたもの」「梅紫蘇」「専用のクリーナー」（写真上）を使って磨くときれいになる。磨く前に、鍋を少し温めておくと効果的。

＊しばらく使わないときは新聞紙や布で包んで。湿気がつかないように。

梅干しの壺

梅好きは母譲り。「梅ほど人の役に立つものはないのよ」と、物心ついた頃から耳にしていました。ノーベル賞を受賞したクレブス博士が「クエン酸サイクル」について説かれたように、現代では、梅の実のクエン酸は糖質や乳酸、体脂肪を分解してエネルギーに変換し、疲労を回復してくれると知られています。そんな栄養学のなかった時代から「梅は薬になるから漬けておこう」と頼りにしていたように、わたしの健康お守りも、梅干しです。よく長生きの秘訣を聞かれますが、「難逃れには、朝茶と一粒の梅干し」とお話ししてきました。

古くなるほどありがたいのが、梅干しです。長く漬けた古い梅干しは効能が高くなると伝え聞いています。わが家の収納庫には、年代物の梅の甕《かめ》がたくさん。長く保存することを見越し、ステンレスやプラスチックなど長期保存に不向きな容器は使いません。

古い梅干しは宝物。風邪気味のときは、火で焦がして湯に溶いて飲みます。

30年、50年と
長く保存するつもりの
梅干しは甕に漬けて。
年数や出自を
表書きしておきます。

水の壺

山間《やまあい》のお宅でごちそうになったとき、お吸い物の味が格別で、驚きました。「山のふもとの井戸水を汲んで、その水でとった出汁だから風味がよいのでしょうね」というご主人の言葉に、ハッとして思い返しました。戦時中、わたしの子供時代は、食料だけでなく、水もとっても貴重でした。井戸から汲み上げた水を水甕《みずがめ》に保存して、使うのも無駄をしないように少しずつ。夏の暑い日には冷たい井戸水をいただくと、歯に染みるような冷や水がごちそうに感じたものです。

水は自然の恵みであり、水ほど大切な調味料はないのです。ですが、蛇口をひねればすぐ水が出る便利な生活では、水の大事さを忘れがち。そこでわが家では、料理の水を鍋島焼「金仙窯」の壺に入れてから使うようにしたのです。毎日どれだけ水を使っているかの目安になり、無駄使いを防げます。それに磁器の壺に入れておくと、水が不思議とまろやかにおいしくなるんです。

壺から水を使うと料理に使用した水の量がわかりやすく、節水グセもつきます。

おいしい水は
何よりの
調味料ですよ。

鰹節削り器

幼い頃、晩の支度になると、シュッ、シュッ、シュッと鰹節を上手に削るお姉さんたちのそばに張りついていました。せがんでやらせてもらうと、最初はボロボロの粉になってがっかり。でも手が慣れるまで続けていれば、突然「あっ」という感じに手加減がつかめ、うまい具合に削れるように。いったん体で覚えたことは、ずっと忘れないものですよ。

削りたての鰹で出汁とりをすると、風味のいい香りが何とも食欲を誘います。毎日は面倒でも、「今日はおいしく食べたい」という日に使ってみたらどうでしょう。削りたてが味わえるのは、おうちのごはんの特権ですよ。

削り器はやはり昔ながらの知恵が活かされた木製がおすすめ。

鰹節の表面に
ついたカビは
乾布で
拭きとってから
削ります。

うまく削れないときは、
木づちでカンナ横を叩いて
刃の出方を調整します。

鰹節を鍋に入れて
湯に沈んだら
早めに引き上げて。

ザル＋サラシを使うと
細かい鰹節粉もこせて
雑味のない出汁に。

鰹節の出汁

材料（つくりやすい分量）

昆布（10㎝角）……1枚
鰹節……ふたつかみ（約10g）
水……1ℓ

つくり方

1 水に昆布を漬け、冷蔵庫に一晩置く。
2 *1*を鍋に移して中火にかける。鍋底から小さな泡が出たら、昆布を取り出し、沸騰させる。
3 鰹節を加えたら、火を止める。
4 鰹節が沈んだら目の細かいザルでこす。

◎基本的に香りを楽しむものなので1～2日で使い切りを。
◎出汁がらの鰹節と昆布は、ふりかけや佃煮にして。

おひつと藁いずみ

ご飯は炊きたてのアツアツよりも、おひつに入れ、蓋をしてちょっと待つくらいの温かさが好きです。炊飯器の保温はどうも苦手ですが、おひつなら、木肌がご飯から出た粗熱や蒸気をほどよく吸いとって、ご飯がベチャッとせず、冷めてもパサパサになりません。保存も、木の抗菌作用で割に長めにできるんです。

寒さでご飯が冷めやすい季節には、藁《わら》で編んだおひつ専用の保温カゴ・藁いずみを使います。通気がよく断熱性がある藁のカゴに入れておくと、おひつのご飯が温かいまま、お代わりができます。地方によっては「飯つぐら」「飯びつ入れ」などと呼ばれるようですが、全国的につくれる人が減ってきたそうです。

稲は、エライですね。お米を実らせ、藁は燃料に、こうして編んでカゴにもなる。祖先が授けてくれた賢い道具を使っていると、ありがたさを感じます。

右・木曽サワラのおひつは木の匂いが控えめで、湿気での狂いもなく長持ち。左・冬はおひつを藁いずみの中の布袋に。

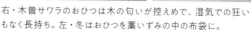

飯を入れる、木のおひつ。
おひつを入れる、藁のカゴ。
ご飯の頼れる道具たち。

長火鉢と火鉢の灰

わたしの落ち着く場所は、長火鉢の前。50年ほど前、福岡のマンションに越して間もなく、思い切って買ったものです。炭火を使う火鉢は、暖房には弱そうでいて、体の芯から温まるんですよ。それに、お湯を沸かしたり、炙《あぶ》りものをしたりできるんです。実家ではよく父が干物やかき餅を焼いてくれてました。火鉢のそばに座ると、いつも父や母が近くにいるようで、心が穏やかになります。

火鉢の灰は、知り合いの農家さんから稲藁を焼いた藁灰《わらばい》を分けてもらっていました。灰を湯で溶かした上澄み液をアク（灰汁）といい、これはアルカリを多く含み、蕨《わらび》など山菜のアク抜きや、洗濯の汚れ落としにも活かせます。昔は、家のものを残らず奪うような所業を「火鉢の灰まで持っていく」なんていい方をしたものです。重曹なども使えますが、「灰からアクをつくれる」と知っていたら、何かのお役に立つかもしれませんね。

アクをつくるには、瓶に灰を入れて湯を足すだけ。灰が沈み、透明な上澄みがアクです。

鉄瓶と焼き網

毎朝のお茶がおいしいのは、鉄瓶のおかげ。鉄瓶で沸かしたお湯はまろやかで、普段用の茶葉で淹れても、上等のお味に感じます。鉄瓶は、長く使い込むほど味わいが増す、一生ものの道具ですが、うちのはわたしが小さい頃から実家で使っていた南部鉄器ですから、二生でも持ちそうですよ。

火加減の味といえば、大好物は網にのせて直火で炙ったパン。外は香ばしく、中はふんわり焼けます。「フランスではパンを薪窯《まきがま》で焼いたのが、おいしかったとよ」と直火焼きのよさを、何度も話していたからでしょうね。塾生たちにも「パンは網焼き」が定着したようです。パン焼きの網は京都の「辻和金網」で買ったものです。パンに網の焼き目がこんがりついて、いっそうおいしく感じます。

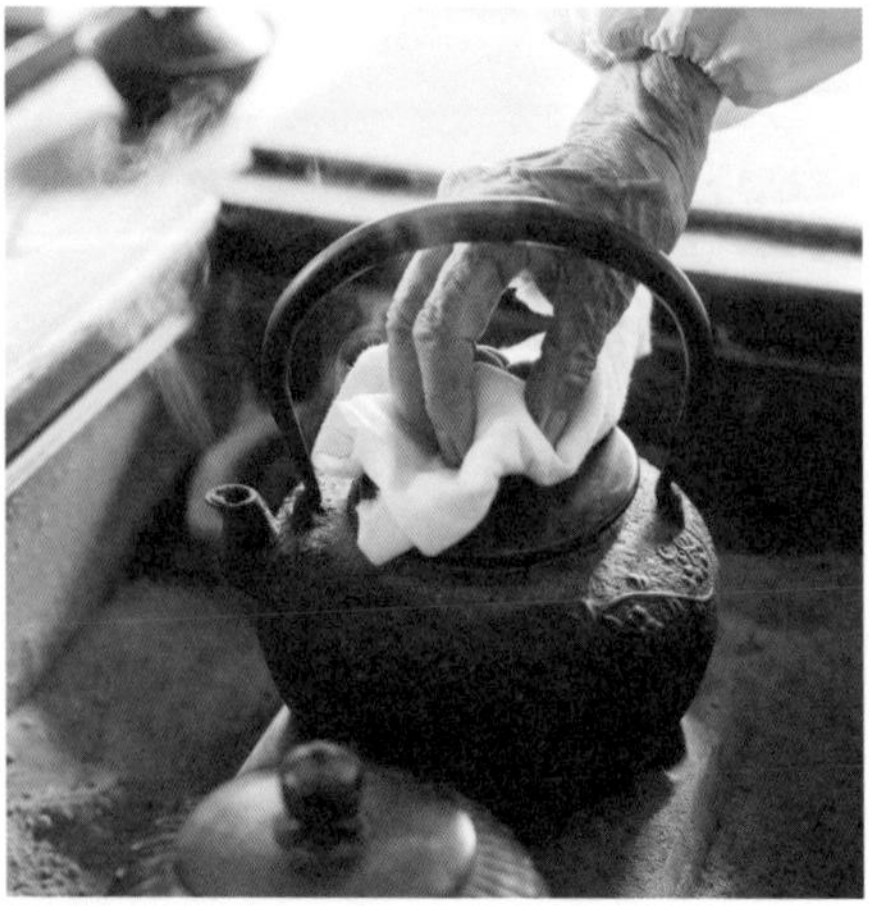

鉄瓶で沸かした湯は冷めにくく、白湯を飲むとお腹が温まります。

ご近所のベーカリー
「アルティザン」の
酵母パンを網焼きに。

鉄瓶の湯で淹れた紅茶に
こんがり網焼きパン。
火鉢そばの
大好きな朝食です。

西洋菓子の道具

戦後復興のさ中、まだフランス料理が珍しい時代から、江上先生のもとで本格的な西欧料理を学びました。とくにハイカラな西洋菓子づくりは大人気で、わたしは講師として教えてきました。その頃に集めた製菓道具は、抜き型だけでも数百種類も。ハートや花、小鳥や長靴などの愛らしい形がありますが、ほとんどは真鍮《しんちゅう》でまわりが波形になっていて、繊細なお菓子の生地をきれいに抜ける、長く使えるものを選んできました。

熱意を傾けていた洋菓子づくりですが、いくらおいしい西洋菓子でも「食べ過ぎると体によくないもの」を教えることに抵抗が生まれました。悩んだ末にわたしは、日本の気候風土に合った家庭料理を教えていこうと決めたのです。それ以来、お菓子の抜き型はおすしや汁物のお飾りなど、和洋にこだわらず活躍することになったのですけどね。

お菓子づくりの必須は材料を正確に量ること。講師時代からずっと使ってきた計りは狂いなく健在。

アメリカのダッチオーブン

アメリカの牧場で、エーコンスクワッシュという西洋かぼちゃを蒸し焼きにしたダッチオーブンの料理をごちそうになりました。どっしりした鉄の鍋は、西部開拓時代から用いられてきた万能鍋。煮る、焼く、蒸す、それにパンを焼くこともできます。これで、みんなにおいしいかぼちゃ料理をつくってあげたい！と買って帰ることを決意。旅の友たちがバッグなどのお土産を提げている中、黒くて重い鉄鍋を嬉々と抱えているわたし。思い出深い道具です。

かぼちゃのメープル煮

鍋に油を引き、一口大に切ったかぼちゃとベーコンを軽く炒める。かぼちゃの1/2量の水を注ぎ、バター、シナモン、メープルシロップ、塩を加え、汁気がなくなり、柔らかくなるまで煮る。

荒野のカウボーイを
支えた鉄の鍋。
足付きは、
野外で焚き火をくべて
使っていた時代のなごり。

column 1

わたしの一生ものの旅

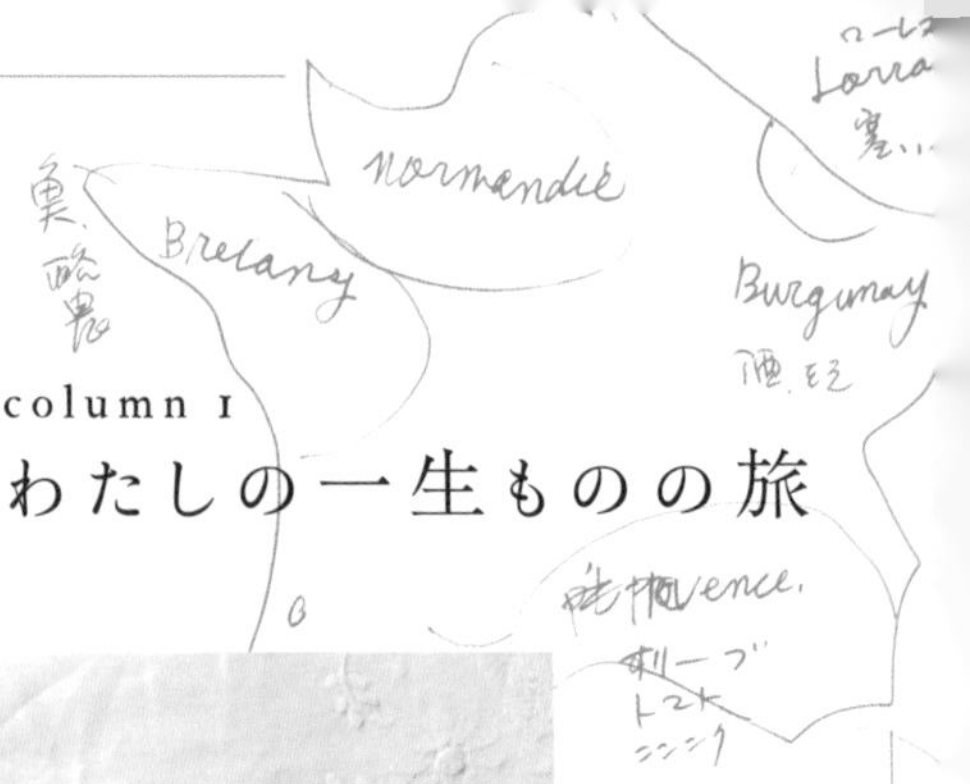

38歳のとき、料理の師である江上トミ先生に同行して、4カ月にわたってヨーロッパ・中東・アフリカの17カ国を巡りました。旅をした1964年は、東京オリンピックの年で、海外旅行なんて夢のような時代に、各国の料理を食べながら郷土食を学ぶという貴重な経験をしました。

ミシュランの星付きレストランから家庭のおもてなし料理まで、さらに小さな町の食堂の厨房に入れてもらったことも。そのときどきの気持ちを忘れないようにと、家族への手紙や日記に書き留めていたものを、今回塾生たちが整理してくれました。自分の目で見て感じた旅の経験は、一生ものと思います。

欧州ぐるり料理研修旅行

訪問国は、ヨーロッパと中東12カ国、そしてアフリカ5カ国、全部で17カ国を巡ったと思います。1964年の春から初夏にかけて。デンマーク、フィンランド、フランス、スイス、ドイツ、ハンガリー、イタリア、スペイン……。旅の途中、江上先生のひらめきでポルトガルやアフリカの島々へも足をのばしました。地図を広げ、ガイドブックに印をつけ、朝から晩まで食べて飲んで、たくさん学びました。

『パリのフランス料理、
地方で食べる料理、
それぞれ特徴があり
とても勉強になります。
色とか形だけにとらわれず、
その物の味をいかそうと
つとめているのがよくわかり、
食べるのをとっても
たのしんでいます』

『いろんな国をまわって
パリはいいなと、
つくづく思います』

『フランスのレタスは
柔らかくて
それに酢の味が
柔らかくておいしい』

『ストラスブルグには
〝こうのとり〟がたくさんとんで
いる（たくさんでもないかもしれません）のでせう』

『レストラン〝レスカルゴ〟
にも行き、カタツムリも
ゆっくりたべました』

『シャンティーイのお城は
コンデ公のお城で
すごく美食家だったので
今でも、ア・ラ・コンデとか
お菓子の名前とか
料理ものこっております』

『今日も上天気。
インターラーケンの
冷たい空気の中に
アルプスの
白い山々がみえます……
スイスは美しいと思います。
けど私は九州の
九重のほうが好きです』

『ハンガリーは料理にパプリカを
たくさん使っており、
トルコのなごりが
ブダペストの街の中にみられます』

『電報代高いのよ!!
たまには直樹達(息子)に
手紙を書かして下さいよ!』

『見物して食事をして
ホテルに帰るのは平均11時すぎ。
そして翌朝7時から8時には出発。
めまぐるしい旅でせう。
かくごの上、ですけどね』

『男の大人まで
甘いケーキを
山の様に食べるのは
おどろきです[ハンガリー]』

『デンマークのサンドウィッチを食べました……
ライブレッドが食卓に出ます。白いパンは
出ません。でもとっても美味しいです』

『ヨーロッパをとびとびにみて思う事は、宗教(キリスト教)、
ローマ帝国、ナポレオンの偉大さ、その影響に驚きます。
地方地方の料理一つにしても、
色んな事が重なりあって、
地理歴史の勉強をしなければ
いけないと思いました』

『ヘルシンキは白樺が多いです。
すごく材木を使ってある
民族色ゆたかなレストランです。
ウェイトレスはフィンランドの
服装をして給仕を
してくれます』

『こちらはとてもあつくて
あつくて、冬服なんて
とんでもハップンです
[スイス]』

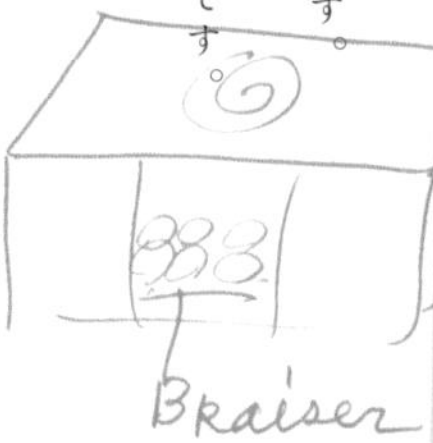

『パルマは島の中の小さな町と思っていたら、
なかなか立派な町で……
散歩道には小いきにしゃれた
セニョリータ、セニョーラが
例のスペイン的に夕方の時間からガヤガヤ』

“Un Repas sans Vin,
Cert un Baisser
sans Mous”

酒のない食事は愛のないキスと同じ様なものだ。

『夕食は〝三匹の熊〟と
云うレストラン……
〝くま〟はベルリンの象徴です。
一人ひとつずつ子豚の
モモ骨付きのまま……
お皿の上にデンと
のっていたのは思わず
武者震いをしました』

『それよか驚いた事は行けども行けども
平地、山をとわず、オリーブの木があるわあるわ
（ナザレ〜コインブラより）。……人々は車の代わりにロバをつかって、
女の人も乗っています「ポルトガル」』

『ポルトガルのもっとも家庭的な
中食を御馳走に……
メイドさんの手料理です。
台所に入り込み色々野菜の
名前だとか教えていただきました。
かぼちゃがアボーブラで、
九州の長手かぼちゃをボーブラと
云うのと同じで喜んだり……』

『なにしろ量の多いことと言ったら肉等、
日本人の一週間分はありそうです。
でもなんと、私の胃袋は忠実なので、
今のところよく働いて呉れるので、
少しやせるのをあてにしていたのに、
やせないので洋服がピチピチで困っています』

『日本円が安すぎるのが残念です。
1$が1円位〜せめて
100円くらいならと思います』

『真心をこめる
台所がある人生なら、
何があろうと幸せに
違いありませんね』

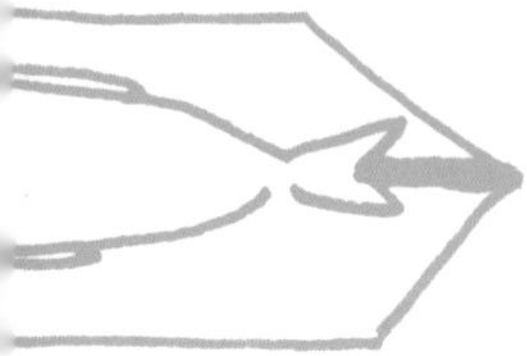

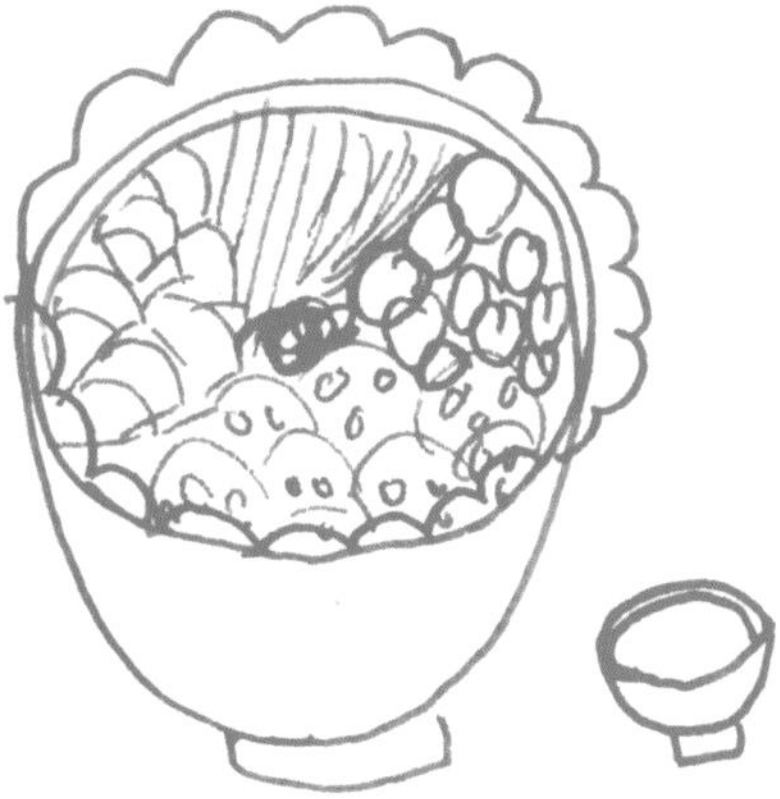

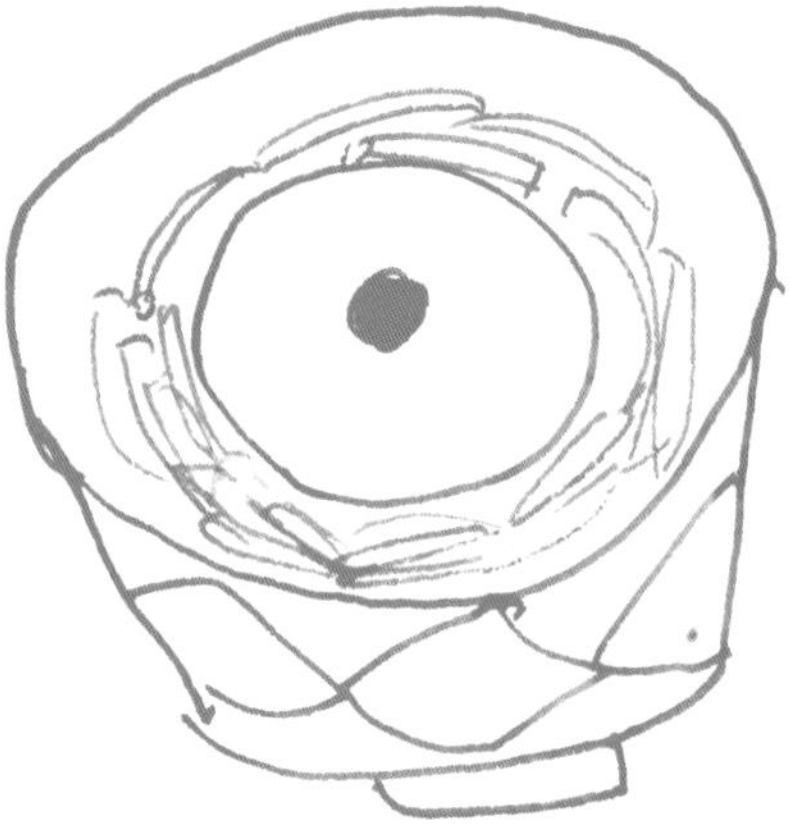

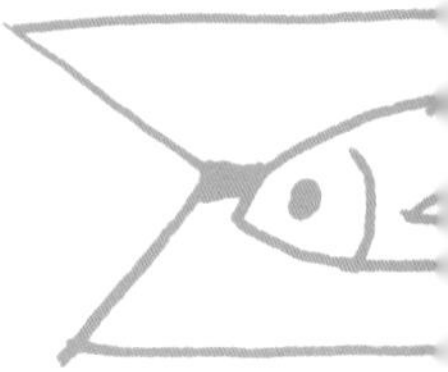

2

日々ごはんの頼れるもの

玉子焼き器

出汁巻き、薄焼き、伊達巻きも。この銅の玉子焼き器でたくさん焼いて、もう70年です。銅製は火まわりがいいので、火加減のコツがわかってくると、卵焼きがおいしくつくれます。

出汁巻きは、卵液をつけた箸先がジューッといい音がするまで温めてから焼き始めます。そして、やや強めの火加減で素早く焼いて巻くと、ふんわりできます。

薄焼き卵になると、もっと手早さが大事です。温度が高過ぎると焦げたり破けたり、ノロノロしていると卵液が広がりません。でも、うまく焼けないことがあっても大丈夫。何度か焼いていたら、必ず上手になるので練習のし甲斐がありますよ。

卵焼きがおかずにあると、大人も子供も幸せそうな顔になるでしょう。珍しいレシピをあれこれ試す前に、みんなが好きな基本のおかずを自分好みにつくれるようになると、料理がもっと楽しくなるはずですよ。

伊達巻きをつくるのにオーブンにそのまま入れたいので、持ち手は外しています。

失敗してもいいじゃない。
何度も焼いたら、
おいしい加減がわかります。

巻くときは
半熟の状態で
巻いたほうが
ふんわりと。

焼き上がりの
熱いうちに
巻きすに包むと
形がきれいに。

出汁巻き卵

材料（つくりやすい分量）

卵……3個

A［鰹節の出汁（P.27）……大さじ3、砂糖……大さじ1、塩……ひとつまみ］

＊出汁の量は、大さじ3～卵液の半量弱まで入れてOK。

油……適量

つくり方

1 ボウルに卵を割り入れ、Aを加える。

2 箸先をボウルの底につけながら、切るように攪拌《かくはん》する。

3 玉子焼き器を強めの中火にかけ、温まったら油を引く。卵液の1/3量を流し入れ、奥から手前に巻く。

4 つど油を引きながら卵液を4～5回に分けて入れ、奥から手前に巻きながら焼き上げる。

＊焼く途中で油を引くため、油を染み込ませたサラシ（ペーパー）があると、適量の油をさっと引けます。

包丁とまな板

よく使う包丁は、3本あります。出刃包丁と菜切り包丁に、写真の一番小さな包丁は出雲特産のヤスキ鋼《はがね》製で、江上先生が応援されて「江上包丁」という名前で広まりました。この江上包丁は、日本伝統の製鉄法を受け継いだ包丁です。幅のあるナイフだったのが、50年切ったり研いだりしているうちに、ずいぶん小さくなりました。でも相変わらず、すぱーっと切れ味がいいです。

刃物は、お手入れが欠かせません。うちの塾生には、包丁研ぎも普段の台所仕事の一つとして教えてきました。切れ味が鈍い包丁では、食べ物を傷めてしまい、まずくなります。よく研いだ包丁で切っていると、皮むきでも千切りでも、形も味もきれいにできて気持ちがいいでしょう。

まな板は、イチョウやヒノキの材のを使っています。水けをほどよく吸って材料が滑らず、包丁が吸いつくように切りやすいです。

まな板はある程度の厚みがあると安定して切りやすく、板削りに出せるので経済的です。

右のがヤスキ鋼の江上包丁、
菜切りと出刃の包丁は
博多の老舗刃物店
「菊秀」で求めたもの。

まな板を使う前に
サッと濡れ布巾で拭くと、
汚れがつきにくいですよ。

ご飯炊きの土鍋

桧山塾には、炊飯器がありません。土鍋で炊いてもらいます。わたしが考える家庭料理の基本は、鍋でご飯を炊き、出汁から味噌汁をつくることです。鍋でご飯を炊いたことがない人はけっこういますから、新しい塾生のはじめの一歩は「鍋炊きご飯」になります。

今はおいしく炊ける便利な炊飯器もあるけれど、災害が多い日本ですから、機械に頼らずにご飯が炊ける方法を身につけておくと、生きる力になります。それに、土鍋で炊いたご飯が一番おいしいと思います。

ご飯を炊くための土鍋は、厚みがある二重蓋なので、火加減が簡単で吹きこぼれません。内蓋で圧力がかかるから、お米の芯まで熱が通って、ふっくらと炊けます。よく使うのは15年くらい前に買った伊賀焼の「かまどさん」。お米をどろどろになるまで炊く「目止め」をして割れないように気をつければ何十年も使えます。

今日はどうかしら？ と炊き上がりが毎日楽しみです。

土鍋の湯気や音を
よく見てよく聞いて。
繰り返し炊いたら
だんだんと
いい炊き加減が
わかってきますよ。

毎日の銅鍋

日に何度も使うのは、直径18センチの銅鍋です。段が付いた形で、木のせいろをのせて蒸し物もできるところも重宝です。

次に出番が多い銅鍋は、大きなボウル型で、直径29センチ。煮物は少量より、一度にたくさんつくるほうが旨みが増しますから、博多のがめ煮はこの大鍋いっぱいにつくります。この銅鍋は、桧山塾で特注したものです。中華鍋のように鍋底が丸くなっていると鍋肌を伝って煮汁がまわり、味が染みやすいと考えて誂《あつら》えたのですが、大正解。おいしさに適《かな》った形です。

里芋の白味噌煮

皮付きの里芋を水からゆで、硬めに煮て皮をむく。一口大に切って全体がかぶる量の出汁を入れて中火で炊く。途中、薄口醤油と塩で薄く調味。柔らかくなったら白味噌を加え、柚子皮の千切りを散らす。

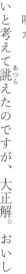

段付き銅鍋は
「工房アイザワ」のもの。
下ごしらえにも使うので
同じものを
4つ持っています。

特注のボウル型の鍋は、
鍋を振って煮汁を
行き渡らせる、
鍋返しもしやすいです。

はかせ鍋

はかせ鍋は、ほんとうに賢いお鍋です。保温調理鍋の元祖と思いますが、発明されたのは、早稲田大学理工学部の小林寛教授です。ステンレス鍋に、スカートと呼ばれるステンレス製の筒状のものをつけた造りで、「普通の鍋より早く煮立ち、素材の香りも飛ばずに保温できる」という優れものです。

よく出来ているのは、ただ保温するだけでなく、保温しながらゆっくりと温度が下がるところ。煮物は冷めるときに、味が染みるでしょう。大根を出汁で煮るだけでよく味が染みますし、お出汁もはかせ鍋でとると旨みがじんわり引き出され、風味のよい出汁になります。

30年ほど前、はかせ鍋の父・小林博士が博多に来られたとき、じかにご指導をいただきました。まだ保温調理について研究される方も少ない頃に、家庭の食卓を思って試行錯誤してくださった。スカートを〝はかせ〟る造りのはかせ鍋は、偉大な研究者である「博士の鍋」でもあります。

保温しながら
ゆっくり旨みを引き出す、
賢いお鍋に助けてもらいます。

column 2

五感が一番の道具

「料理に決まりはないの。自然に逆らわないことを守れば、後は自分のいいように」。これはいつも塾生たちに伝えている言葉です。いつもの料理でも、いつも同じに仕上がらないのは当たり前だと思います。芯のない「〜ねばならない」に振りまわされたり、味より見た目だけにこだわったりすると、料理の間口が狭くなってつまらないでしょう。

目だけに頼らずに、鼻や舌や、耳も手も、自分の五感すべてが料理の道具と心がけてみてください。匂いをかぎ分けたり、音をよく聞いたり、手で旬を感じたり。わたしたち人に備わっている感覚は、使えば使うほどよい道具に育つはずですよ。

手のひらを温度計に

土鍋でご飯を炊き上げるとき、「まだ熱いか、冷めてきているか」鍋肌の熱を手のひらをかざして感じとります。弱火にしていても、炊飯に必要な温度を保っているか確認しているんです。いつもの土鍋で炊いても、お米の鮮度や夏と冬の気温差で違ってきます。タイマーまかせにしているとわからないことですよね。鍋でもフライパンでも、温かさの具合は自分の手をかざして計ります。繰り返しやっていたら温度の加減がわかってきます。

素材の持ち味を感じて

旬の野菜は、そのままでもおいしいから、それを生かすようにします。人と同じく野菜も1つ1つ違いがあって、旬の盛りと終わりでは状態が違います。手で触れたときの硬さ柔らかさ、水け、匂いなどからそんなことを感じてみてください。それから、どんな土地で獲れてて、今年の出来はどうか、収穫してからどれくらい経つかなど、素材の持ち味を知ること。鮮度や持ち味に応じて、調理の方法や味つけの足し引きを変えていきます。

鍋の中とよく相談して

同じ材料でも、家庭によって鍋も火力も違いますから、同じ料理はできません。味つけが決まらないという人は、相談するなら料理本ではなく鍋の中です。レシピは目安ですから、よくよく鍋の中を見て、味見をして、自分で判断して決めればいいんです。ただ、自分がどんな味にしたいか、応用ができるようになるには経験が必要です。塾生には「30回同じものをつくったら、自由につくれるようになりますよ」と教えてきました。わたしは何百回とつくっている煮物でも、毎回鍋の中をじっくり見ながら手を動かします。

鉄と銅のフライパン

フライパンの中で、やっぱり出番が多いのは銅製です。弱火でも、肉も魚も中心にまで熱が伝わり、とってもジューシーに焼き上がりますから。鉄のフライパンは、こんがりとした焼き目をつけたい料理に使います。

鉄も銅も、とにかくフライパンには油をよくなじませるのが肝心で、こびりつきやすいときは、野菜くずを油でじっくり炒めてみて。銅や鉄のフライパンは料理をしながら育てていく道具ですから、まず一つという方は、とっつきやすい鉄のものから使ってみるといいでしょうね。

バナナの豚肉巻き

筋を取ったバナナ1本を斜め切りにし、塩・コショウをした薄切り豚ロース肉180gで巻く。薄く小麦粉をはたき、油を引いたフライパンで中火で焼く。肉に火が通ったら、酒少々をかけ、塩で味付けする。

鉄フライパンの薄手は
クレープや野菜炒めなど、
厚手はステーキなど
厚めの食材用です。

毎日のように使う
銅フライパンは
直径26センチで、
福岡・糸島の
銅鍋作家に
特注したもの。

一家に一つの中華鍋

この中華鍋は確か若いときに母が持たせてくれたもの。60年ほどは使っているでしょうか。鉄製のもので、年季が入っているだけに油がなじんで、とても使いやすいです。中華鍋は炒める、焼く、蒸す、煮る、揚げる、何でもできる万能鍋。桧山塾のみんなには「地震がきたら中華鍋をかぶって逃げればいいよ」と大真面目にいっていました。どんな料理にでも使えて、ヘルメットみたいに頑丈で、なんといっても一生ものです。片手の中華鍋は北京鍋で、両手は広東鍋です。両手鍋は揚げ物やせいろ蒸しの鍋として使います。

キャベツ炒め

中華鍋を弱火でゆっくり熱し、油大さじ1を温める。薄切りニンニク1カケ分を焦げないように炒める。塩ひとつまみを入れたら中火にし、４㎝角にちぎったキャベツ５００gを炒め、好みで塩・コショウで味を調える。

炒めて、揚げて、蒸して、ゆでて。
家庭に一つ、中華鍋があれば
何でもつくれます。

中華せいろ

木のせいろは昔からある蒸すための道具ですが、最近の人には、「忙しくてもおいしいものを食べたいとき」に頼れる道具と教えてあげたいです。季節の野菜、魚の酒蒸し、お豆腐、肉まん、鍋の上にせいろをのせて食材を蒸すだけで、ふんわりと熱が通ります。ゆでるより栄養素が流れないし、冷めてもおいしいのが木のせいろのよいところです。

ミニせいろはいくつかあると、小まわりが利きます。つけ合わせの蒸し野菜や、1人分の料理にも重宝です。ときどき、わたしは冷やご飯をミニせいろで温め直しますが、蒸し上がりはつやつやとして、炊きたてと変わらずおいしいです。

せいろもお手入れ次第で長持ちしますが、木は収縮すると割れることがあるので、使う前にサッと濡らして使い、洗ったら風通しのよいところで乾かすように習慣づけてください。

ご飯を蒸すときはサラシに包んで。ラップはいけませんよ。

お湯を沸かした鍋に、
せいろをのせて
食材を蒸すだけ。
湯気もごちそうです。

30年ほど使い込んで
ずいぶん底が焦げましたが、
まだまだ現役です。

昭和のオーブン

キッチンの隅っこにあるオーブンは、日立製でけっこう古いものですが、今でもパンやお餅、グラタンを焼くのに使っています。購入してからなんと50年を経ても、びくともしませんよ。日本の機械はほんとに優秀です。最近の機械は、あれもこれもできるというものが多いようですが、便利ばかりを求めると、自分ではつくれない料理が増えないかと心配になります。わたしは、自分の手加減や味加減で調理ができるように、温度と時間だけ設定できる簡潔な機械で十分です。

じゃがいものオーブン焼き

皮をむいたじゃがいも2個を3㎜の輪切りにし、水に浸しアクを抜く。玉ねぎ1/2個を薄切り、ベーコン2枚を2㎝幅に切り、バター大さじ1で中火で炒める。じゃがいもを加え、塩・コショウをする。耐熱皿に移し、粉チーズをかけ、220度のオーブンで15分焼く。

HITACHI
FAMILY OVEN TO-1000
100
150
200
250
0 10 20 30 40 50 60
250
グラタン
焼いも
ホイル焼き
200
シュー皮
マドレーヌ
クッキー
茶わんむし
150
スポンジケーキ
100
ホットドッグ
上火
下火
上火
切
入
下火

朝鍋のススメ

それまで鍋料理は夕食の料理だと思っていたけれど、あるとき「朝食は鍋が一番いいんじゃないかしら」と思いついたのです。

朝しっかり食べると、一日のエネルギーになるでしょう。お肉に野菜や豆腐をバランスよく食べるのはとてもよいですし、食べ足りないならお餅やおうどんを入れてもいいですね。タンパク質が必要なら、最後に卵を落としてもよいでしょう。

朝鍋は、がんばらなくていい料理です。具材は冷蔵庫にあるものでいいの。わたしは夕食の野菜などを少し余分に切っておくことにしています。用意するのも簡単だから、時間がない朝に大助かりでしょう。

朝鍋に使っているのが、この四角い土鍋。もともと湯豆腐用に求めたものでしたが、厚手で大きさがちょうどいい。朝食の時間がまちまちな家族も、食べたいときに銘々が温めたら、アツアツを食べられます。なにも鍋料理は夜だけじゃなくていいんですよ。

朝鍋を食べたらポカポカに
ぬくもって冷えも退散です。
手間もなく栄養もあって
体にもいいことずくめです。

煎る道具・ほうろく

ほうろくは、ゴマ、大豆、茶葉など、食材を香ばしく煎るための道具です。今はフライパンで煎ったり、煎ったゴマなどもあるので、ほうろく自体を知らない人も多いそうですが、もったいない。ほうろくで煎ると、香りがよくなって、味も深みがでます。

使い方は、とても簡単です。食材を入れて、直火にかけ、ゆらゆら揺らしながら、香りと色がいい具合になるまで気長に煎ります。急須のような厚手の土器は、熱をゆっくりムラなく伝えるので、揺らしながら煎れば焦げません。

固まった塩の湿気を飛ばしてサラサラにしたり、古くなったお茶も煎って香りを出してから淹れるとおいしいです。ほうろくで煎っていると、みんながキッチンに集まってきます。おいしい匂いに誘われるのでしょう。「煎る」ひと手間で、おいしくなるならお安いご用ですよ。

煎るときに香りが移るので、茶葉用とゴマ用は別にしましょう。

口が小さいのは塩やゴマなど
小粒でハネやすいもの、
大きいのは茶葉などを煎ります。
煎ったものは取っ手から出せます。

呼吸する塩の壺

塩を料理に使おうとするとカチカチに塩が固まってて、困ることがありませんか？　蓋付きの陶磁器に入れていても、湿気で固まりますから、わたしはカチカチの塩を、以前はほうろくで煎ってサラサラにしていました。

それが、この塩の壺を使うようになってからは、まったく塩が固まらなくなりました。壺を見つけたのは25年ほど前、福岡の糸島にある「光山窯」です。素焼きのいい味わいの壺は、塩専用としてつくられたそうです。早速試してみると、塩を入れてしばらく経っても、サラサラで乾燥したままの状態を保っていて、しかも味までまろやかになっていて感心しました。

素焼きの器ですから中の塩が呼吸しやすいことや、土が湿気を吸いとって塩が乾燥するのだろうとは思いますが、塩の味までこんなにまろやかになるなんて、自然の仕事は不思議ですね。塩が呼吸できる壺をどうつくっているのか見たくなって、桧山塾のみんなで窯元を訪ねたのもよい思い出です。

塩むすびは、手水をつけ過ぎずに、ふんわり握りましょう。

ゆでる塩は
気やすく使える海の塩、
味をつける塩は
ちょっと上等なものを。

すり鉢とすりこ木

「ねえ、誰かフランスですり鉢を売らない？」といっては笑われてばかりでしたが、わたしは日本のすり鉢をパリの街角で実演販売したら、きっとたくさん売れると思うんです。欧米にもナッツなどを砕く木製や陶器の乳鉢《にゅうばち》がありますが、すり鉢のような溝がありません。この溝のおかげですり具合も効率もまったく違っていて、素晴らしい先人の知恵だと思います。

すり鉢は、白和えはもちろん、木の芽和えや、がんもどきにもなくてはならない道具です。枝豆の季節には、ゆでた枝豆をつぶして餡にして、ずんだ餅をつくります。

すりこ木は、持ち方が大事です。まず片手ですりこ木の頭を軽く支えて軸に。もう片方の手ですりこ木の真ん中あたりを握って、時計まわりにクルクルとまわします。そうすると疲れずに、いい具合にすれます。

すりこ木に一番よいのは山椒。固くて解毒作用があって体にいいです。

鉢が動かないように
底に濡れ布巾を敷いて。
よい加減にすれていると
いい音がしますよ。

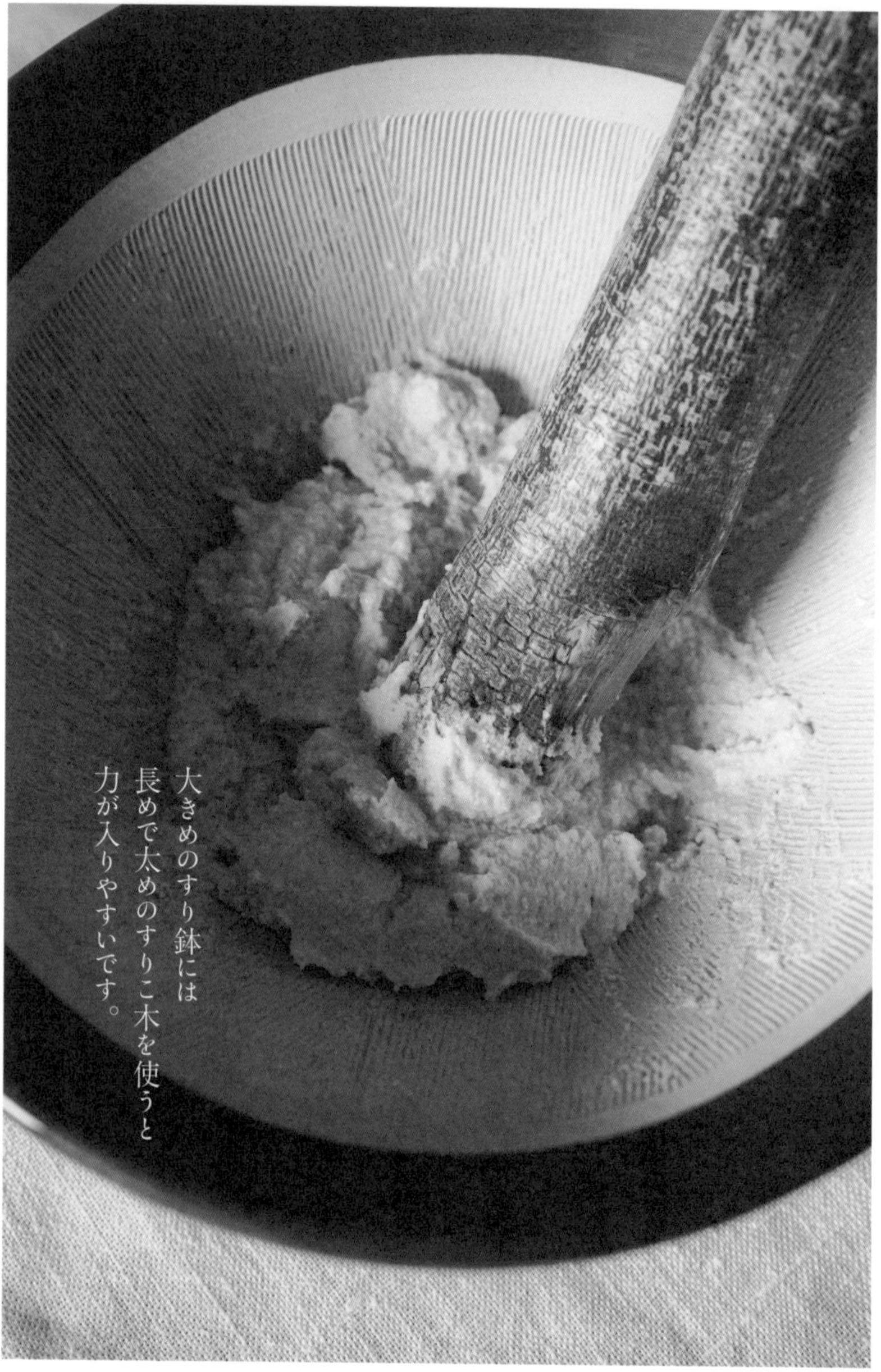

大きめのすり鉢には
長めで太めのすりこ木を使うと
力が入りやすいです。

きのこの白和え

材料（つくりやすい分量）

木綿豆腐……1/2丁
好みのきのこ……約200g（エノキ、シメジ、エリンギ、椎茸など）
A［酒……大さじ1、醤油……小さじ1］
白ゴマ……大さじ2
白味噌……大さじ1
みりん……大さじ2〜3

つくり方

1 木綿豆腐は水切りをし、沸騰した湯の入った鍋に入れて5分ゆでる。ザルにあげて水を切り、清潔なサラシ（ペーパー）で包み、まな板で挟んでしばらく置く。

2 きのこを食べやすく切り分ける。
*エノキやシメジは石づきをカットしてほぐす。エリンギは細くスライス、椎茸は石づきを取って薄くスライス。

3 *2*を鍋に入れ、Aを振りかけて軽く混ぜる。蓋をして弱火で蒸し煮にする。
*煮汁が残ったら、あとで白和えに混ぜ込む。

4 白ゴマを香ばしく煎って、すり鉢で粉状になるまでする。豆腐を加え、なめらかになるまでする。白味噌とみりんを加え、さらによくする。最後に*3*を入れて和える。

鬼おろしでつくる大根おろしは、みぞれ鍋にたっぷり入れても辛くなりません。

鬼おろしとサメおろし

鬼おろしは、刃の突起がまるで「鬼の歯」のように見えるという竹製のおろし器です。とくに大根をおろすと、水っぽくなくふんわりおろせます。味も辛みが少なく甘みがあって、金属のスライサーとは、ひと味もふた味も違ったものになります。人参や長芋、りんご、じゃがいもなども、鬼おろしを使うとざっくりした切り口に味が染みやすいし、ざくざくの食感も楽しいです。

生わさびをおろすには、昔から鮫の皮を使ったサメおろしが一番。のの字を描きながらおろすと、クリーム状のきめの細かい、風味豊かなおろしわさびが仕上がります。サメおろしは、もともと宮大工が木の表面加工に鮫皮を使っていたのを応用した道具だそうです。「鮫の代わりに、カワハギでもいいんじゃないかしら」と試したのが自家製の「カワハギおろし」。料理で使い残ったカワハギの皮をかまぼこ板になめした面で、わさびをおろしてみたら上出来でしたよ。

さくざくの刃をした鬼おろし。
サメおろし、カワハギおろしも
手加減が味にでます。

せん突き

キャロットラペが大好きです。フランスで食べて以来、好物になり、人参を見るとつくりたくなってそわそわします。ラペづくりにかかせないせん突きは45年くらい前から使っているもの。縦にしてすると人参が短く切れて、横にして繊維にそってすると長く切れます。せん突きは、最近どこを探しても見つからない道具になりましたが、似たものに沖縄の「しりしり器」があります。

　せん突きでは、ラペの他に酢なます、キャロットケーキ、じゃがいものガレットなどもつくります。

りんご入りキャロットラペ

人参1本・りんご1/2個をせん突きですり（または千切り）、ヴィネグレットソース（酢大さじ1、塩小さじ1/2、コショウ少々に、油大さじ3を少しずつ加え、そのつどよく攪拌）でよく和える。

せん突きは
竹のカーブの
手なじみがいい。
復活してほしい
昔の道具の
ひとつです。

馬毛のこし器

ヒノキを曲げた木枠に馬のしっぽの毛を張って、裏ごしの道具にしようなんて、思いついた人はすごいですね。この馬毛と金属の網とで、裏ごし比べをしたことがありますが、舌触りのなめらかさは馬毛が一等です。栗きんとん、こし餡、白和えなども、おもてなしにしても喜ばれる、上等な仕上がりになります。たいていの塾生たちは、馬毛で裏ごししたものを食べた瞬間、目を見開いて感激します。「こすのが大変そう」なんていっていた人も、欲しくなるようです。手間を超える味を教えてくれるのが、馬毛のこし器です。

うぐいす豆汁粉

白花豆1カップを水3カップに一晩浸す。白花豆を浸け水ごと鍋に移し、柔らかくなるまで弱火で煮る。それを裏ごしした豆餡に砂糖120g、抹茶大さじ1を加え、豆乳(または牛乳)2~3カップでのばす。弱火にかけてゆっくり混ぜながら温める。

豆がまだ温かいうちに
少しずつ網の上にのせて
木しゃもじで
押し引いてこします。

サラシと竹皮

「キッチンペーパーは、いっぺんも買ったことがありません」というと、とっても驚かれます。だってサラシがあれば、何にでも使えますからね。いつも引き出しに20枚ほど備えています。食器拭きはもちろん、まな板やおひつなどの木の道具を拭いたり、野菜や豆腐の水切りに、蒸し布として使います。少し汚れてきたら二番サラシとして、台拭きにしたり冷蔵庫を拭いたり、小さく切ってフライパンの油ならし用にしています。薄いからかさばらなくて、洗うのも簡単ですぐ乾きます。普段は軽く手洗いだけでよいですが、ときには10分ほど煮沸すると殺菌に。

ラップの代わりには、竹皮や、夏はトウモロコシの皮を使うこともあります。昔、お店屋さんで包んでいただいた竹皮は捨てずに、洗って干して、何度も使いました。おにぎりを包んだり、おかずの底に敷いたり。水分を吸ってくれるから、なおおいしくなります。

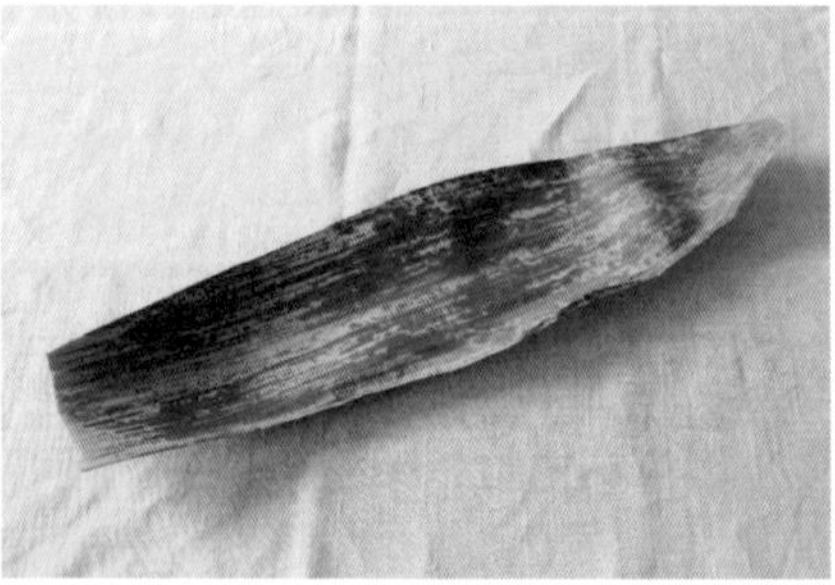

通気がよく、抗菌作用がある竹皮。使い捨てがイヤな人におすすめです。

豆腐一丁を
サラシにのせて包み、
水切り。
紙のように破れないので
しっかり水が切れます。

食べ物を置く前に、
水に浸してから
よく拭いて使います。

九州の竹ザル

九州は竹製品が豊かで、とくに竹ザルが好きなわたしは、大分や佐賀の田舎に出かければ塾生たちに「またですか」と呆れられるほど買って帰ったものです。まわりに自慢しては次々にあげてしまうのですが、それでもまだ40枚くらいはあるかしら。

竹ザル好きの始まりは、写真の3枚のザルです。20歳を過ぎた頃、戦後すぐに福岡の柳橋市場で買ったものでした。竹ザルは幹を剥《は》いだ竹ひごを材料につくるのが普通でしょうが、はじめて買ったこのザルは「竹の枝」で編まれていたのです。まだ物資がない時代のこと、山に入ってせっせと枝を集めたのだろうと苦心がうかがえて、これは大事に使わないと、と心しました。ザルは、そういう手の仕事が伝わってくる道具です。

竹ザルは水切れがよく、深ザルや平ザルは野菜や麺に、四角いザルは魚に、野菜を干すにも便利です。それぞれ用途ごとに形もいろいろ。壊れたら紐でかがって締めて、修繕してまた使い続けます。

戦後すぐに買った
竹ザルはもう80年近く。
いつも一緒だった、
わたしの右腕のような道具です。

お米とぎには
少し目が細かく、
深さのあるザルが
向いてます。

素材への当たりが
やさしい竹ザル。
水切れがよく、
余分な水分も
吸水します。

食べ切れない
野菜はなんでも、
ザルに重ならない
ように干して。
買った干し椎茸も
天日干しすると
栄養価が
上がりますよ。

column 3

活かし切る工夫

最近は「エコ」というのでしょうか。わたしは戦時中のもののない時代を経験してきたので、ものは使えなくなるまで活かすのが当たり前だと思ってきました。食べ物だけでなく、道具にも命がありますから、まだ使えるものを簡単に捨てたら、バチが当たりそう。壊れたら修理したり、他に「もう一回」の使い道を考えてみます。

空き瓶、空き箱、紙や紐も、「もったいない」心で使いまわします。どう使い切ろうかと知恵を絞るのは、わたしの楽しみでもあります。

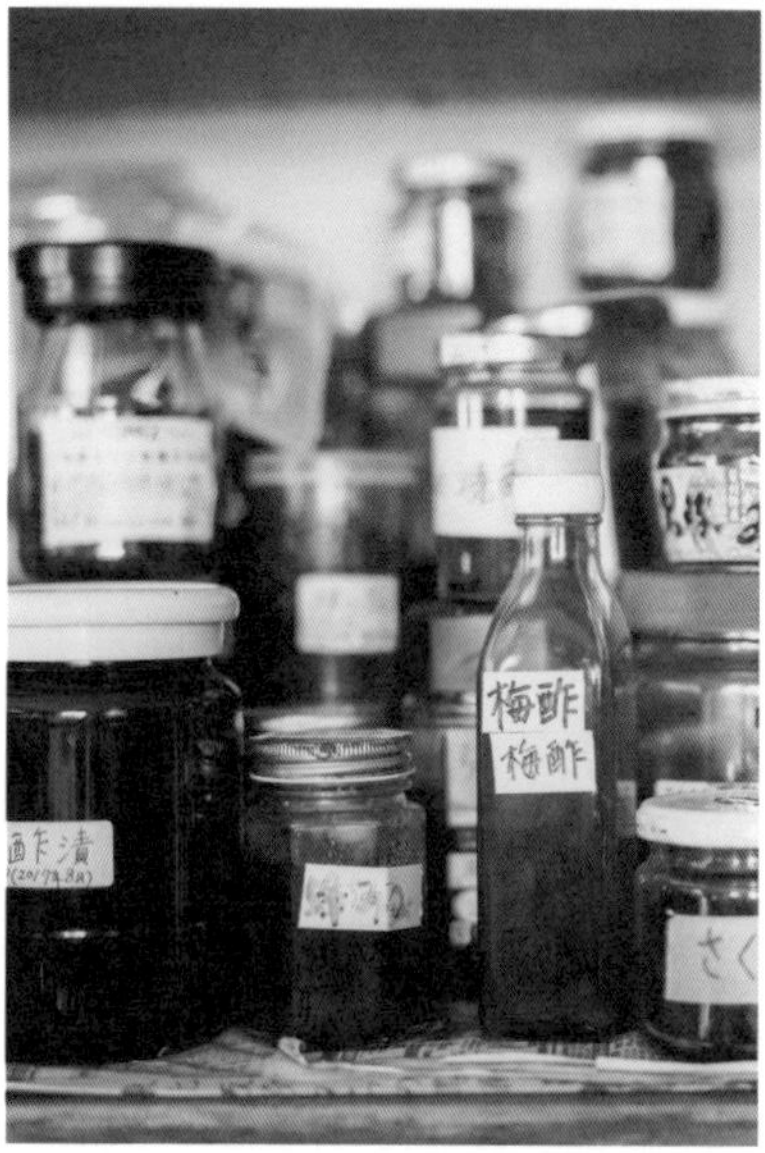

空き瓶は保存瓶に

空き瓶はいろんな食材の保存に使います。しっかり洗い、煮沸消毒をして乾燥させて、前の匂いが残らないようにしてから使います。お出汁や酢漬け、ジャムなど。旅先で買った袋入りの乾物や外国から持ち帰ったスパイスも透明な瓶に詰め替え、名札をつけます。

古い茶せんはマドラーに

竹先がヘタれた古い茶せんは、ドレッシングづくりに使いまわします。もともとお抹茶を点てる道具ですから、かき混ぜやすいし、底当たりがよく、調味料がきめ細かく混ざって、とっても便利です。

空き箱はお裾分け箱に

お菓子なんかのきれいな空き箱や素麺の木箱も取っておきます。空き箱はたいてい塾生たちが料理を持ち帰ったりするのに使っていました。豆腐のケースも洗って、調理ゴミ入れに使っています。

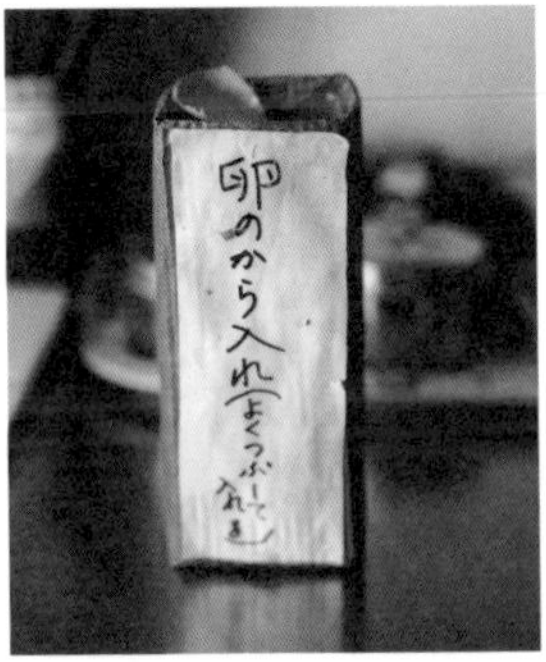

卵の殻は土の栄養に

卵の殻も捨てません。シンクのそばに「卵の殻入れ」箱を置いています。細かく潰した殻はシンク磨きに使ったり、茶器の茶しぶ落としにも使えます。卵の殻にはカルシウムが含まれていますから、最後は土に混ぜてプランターの肥料にします。

『自然を
大切にするのが
一番豊かな人生と
思いますよ』

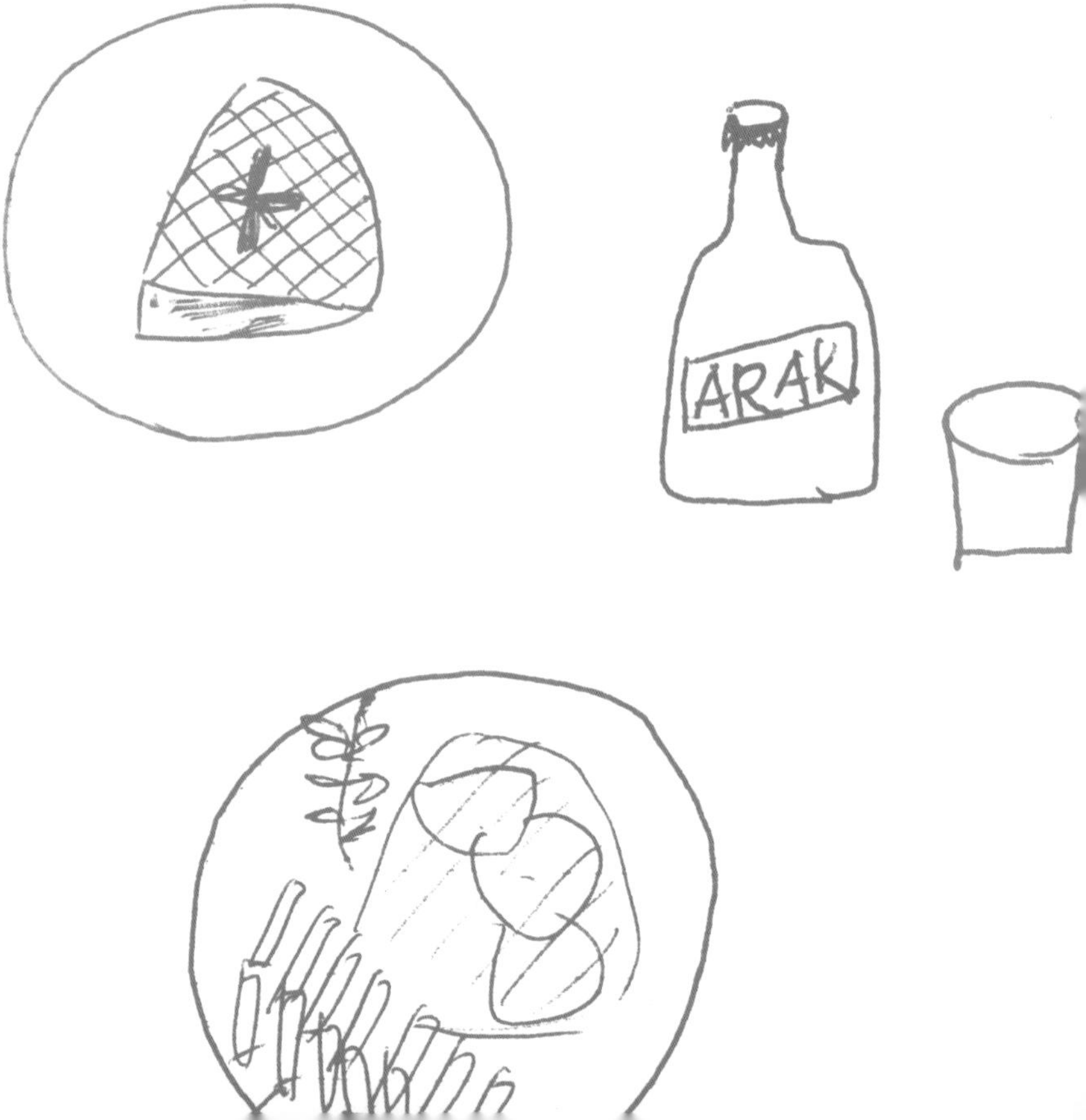

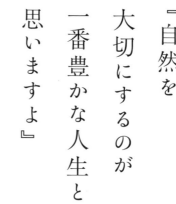

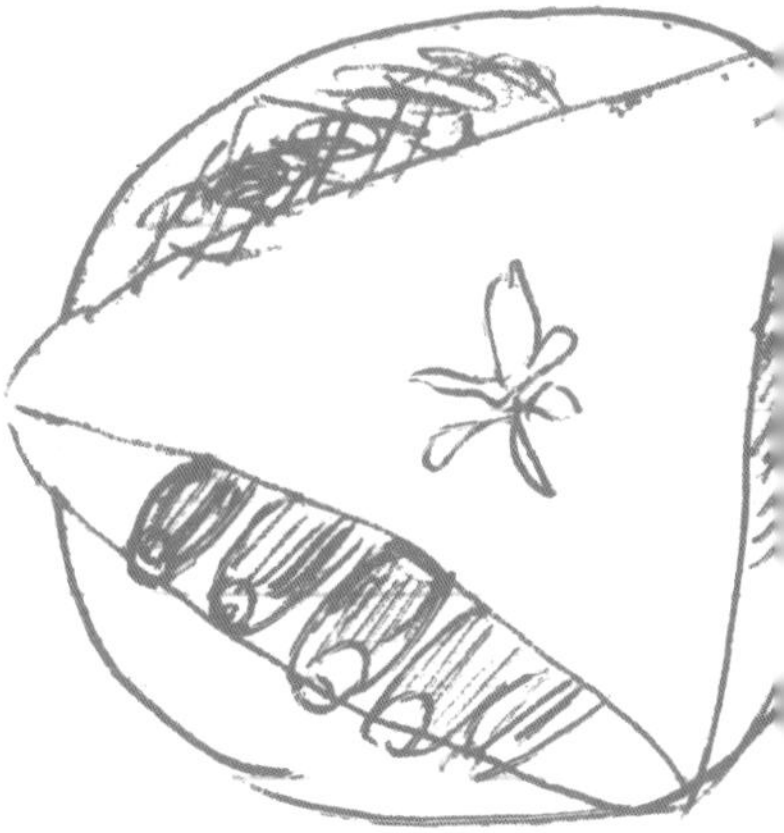

3

暮らしと心を彩るもの

エプロンとスニーカー

「タミ先生らしい」と、ときどき誉めていただける、わたしのエプロン。これを自分のユニホームとしたのは、50年ほど前かしら。こんなのが欲しいなと思う形を絵にして、知人のお店で誂《あつら》えてました。

それ以前は、白衣を仕事着にしてきました。台所仕事は水も火も扱うし、衛生的でないといけません。胸当てだけのエプロンだと不十分だし、白衣より明るいものが着たい。それでつくったのが、すっぽりかぶるワンピース形のエプロンです。脱ぎ着しやすい前ボタンで、ちょっと物が入るようにポケットもつけて。わたしの体に沿った仕立てですから、動きやすく、着ていて気分がいいですね。

エプロンの足元に、スニーカーを履き出したのはこの20年くらい。「70歳を過ぎたら家でも靴を履いてるほうが転ばないよ」と、足腰を心配した息子が買ってくれたもの。靴裏にゴムがついていて安全なのと、スニーカーを履くといくぶん背が高くなった気がして嬉しいんですよ。

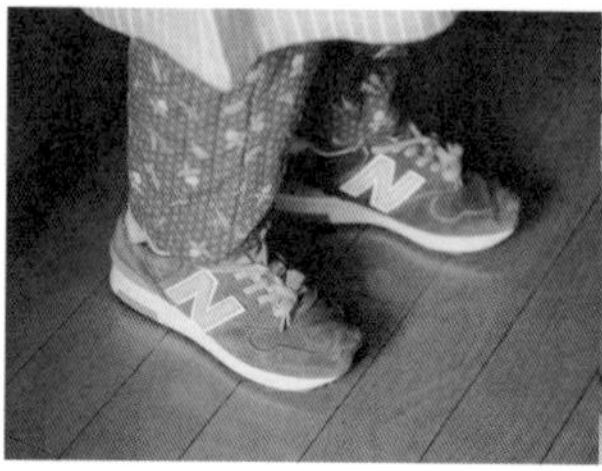

わたしの好きな
エプロンは、
動きやすい形に
明るい色柄。
その日の気分で
選びます。

買い物カゴと弁当カゴ

買い出しには、軽くて通気性のよい竹編みの買い物カゴを使っています。手に提げて、市場のお店に通っていましたが「先生、今日はこれがおいしいよ」とためになることを教えてもらえる。買い物はよい勉強になります。

それに、このカゴはとっても丈夫。いくつか持っていますが、お花見の時期には、カゴに料理を詰めて3つ4つ、物干し竿に通してぶら提げて、近所の福岡城跡までエッサホイサと運びました。まわりから見たら、江戸時代の参勤交代みたいでおかしかったでしょうね。

三段のお弁当カゴは、子供たちが小さい頃によく使っていました。昼間は仕事で忙しくて、時間があるのは早朝ぐらいでしたから、ときどき朝ごはんを外で食べることにしたんです。子供たちを起こして、ささっとおにぎりを握って、あるものでおかずをこしらえ、このカゴに詰めて近くの海や山へ出かけるんです。簡単なお弁当でもおいしく感じるのは、外の空気といいカゴのおかげですね。

気に入りのカゴがあれば
足どりも軽くなります。

わたしの大好きなお茶請けは、京都の「緑寿庵清水」の金平糖と、福岡の御菓子處「五島」の梅もなか。

花のティーポット

わたしの愛用のティーポット。少し古いもので、有田焼「深川製磁」のインペリアルポットです。クラシックな花の絵つけが美しいでしょう。もともと大のお花好きですから、目に触れるだけでうっとりします。お客様用のようなポットですが、わたしは好きなものは仕舞い込まずに、普段からどんどん使うんです。

ちょっとおいしいお茶請けをいただくと、食器棚からこのお花のポットを取り出してテーブルへ。みんなが「わ〜、かわいい」と喜んでくれる顔を見ると、さらに嬉しくなります。わたしはほとんどコーヒーを飲まないので、たいていは紅茶かお茶。ダージリン、アールグレイ、タンポポ茶、ごぼう茶、玄米茶など、気分によって選ぶようにしています。何より、こんなきれいな器を使うと、お茶を淹れる手も丁寧になるでしょう。

テーブルにお花が
咲いたように。
美しい茶器で
楽しむと
心にゆとりが
できます。

普段使いの器

九州は、漆器より陶磁器の文化です。うちの食器棚を見てみると、有田焼や波佐見《はさみ》焼、小石原《こいしわら》焼、唐津焼など、九州生まれの陶磁器が揃っています。ほとんどが足で探し当てた器で、昔は陶器市にも楽しみに出かけました。

桧山塾では料理が仕上がったら、「じゃあ、合う器に盛って」とわたしが声をかけます。器は、料理が主役ですから、盛ったときのことを想像して、色や姿のよさ、サイズ、食べやすさも考えて選んでもらいます。それも勉強です。回を重ねるごとに上手に選べるようになるんです。

みんながよく手に取るのは、波佐見焼や有田焼のシンプルなもの。波佐見焼の美しい白磁器は、温かい白色で、パンをのせても合います。藍や朱の絵染めの有田焼も和食器ですが、和洋中どんな家庭料理も合います。飽きがこない器が一番ですが、数を揃えるものは、重ねられて割れにくいものを選んでいました。

盛りつけまでが料理。汁けのある煮魚は少し深さのある皿に。

柄が多いものより、
和洋中に使える
シンプルなもの。
毎日の器は
自分の得意料理に
合うものを。

ハレの器

お祝いごとやお客様がいらっしゃると、食器棚の奥からよそゆきの器を取り出すことも多いでしょう。ですが高価な器でなくても、心を込めたおもてなしはできますよ。この縞の器、普段使いをしていますが、後から買った木蓋を合わせて、季節の草花をあしらうと、いつもの器にちょっとした工夫をすると、見た目だけではなく温かさも保てます。それに、蓋をつけると「よそゆき風」になって、立派なハレの日の器になります。大げさ過ぎなくてよいでしょう。

わたしにとってのハレの日は1月7日。七草粥を食べるこの日は、わたしの誕生日で、塾生のみなさんが毎年集まってくださいます。前の日から煮込んだおでん、七草の味噌汁、蒸しずしも、大好物のクレープシュゼットもテーブルに並びます。おもてなしの器は高価でなくても、お迎えする方への思いやりの工夫があると気持ちが伝わるはずです。

ハレの料理、蒸しずし。寒い時期は温かさがおもてなしになりますよ。

気どらないもてなしには
いつもの器におめかしを。
蓋をつけ、
季節の草花を添えて。

扉が美しい
食器棚は
星野民藝の
誂《あつら》え。

有田焼や
唐津焼の
和の大鉢や
大皿など。

中国や
タイなど
エスニックの
食器。

茶器や
旅で集めた
食卓の
小物たち。

すし桶

息子たちが生まれてすぐに、買った大きなすし桶。「すし桶はサワラ、それも木曽のがいい」と母が教えてくれた通り、あれから70年使い続けています。木肌が酢飯の水分を調整してくれるので、べちょっと水っぽくならないから、いつもおいしくつくれます。盛りつけてそのまま大皿のように食卓にも出せる木の器ですから、小さいものでもいいので、ぜひ一つ持つといいですよ。

わたしが子供の頃、大家族のお祝いの定番は「母のちらしずし」でした。大きな桶いっぱいに、少しぜいたくに季節のお魚が盛られたおすしを前に、ウキウキ心躍りました。家族が多くせまい食卓なのでいつもは交代に食事をとっていましたが、お祝いのときばかりはぎゅうぎゅうに肩寄せ合って食べるんです。ちらしずしで思い出すのは、家族みんなが笑っている風景。わたしにとって、すし桶は幸せをつくる道具です。

大きい桶は混ぜるときに飯粒が潰れにくく、冷める時間が早いです。

桶の木肌で手早く冷ますと、
つやつやの酢飯になります。
団扇であおぐ担当の人がいたら
なおいいですよ。

黄色い薄焼き卵は
星型に抜いて。
おすしによく合います。

飾り具材は
好き好きに。
下絵を
描いておくと
盛りつけ
やすいです。

おすしケーキ

材料（直径18cm 底が抜ける丸型1台・4～6人分）

米……3合

A［昆布（10×15cm）……1枚、酒……大さじ1］

〈すし酢〉

B［米酢……大さじ6、砂糖……大さじ3、塩……小さじ1］

酢飯に混ぜる具材……お好みで適量

＊今回はゆで人参、甘酢レンコン、白身魚でんぶ、甘辛煮のカンピョウ・椎茸など。

好みの飾り具材……適量

つくり方

1 米はAとともに、普段のご飯よりやや硬めに炊き上げる。

＊土鍋（P.50）で炊く場合は、米と同分量の水加減に。

2 Bをよく混ぜ合わせ、すし酢をつくっておく。酢飯に混ぜる好きな具や、飾り具材も適宜、用意しておく。

3 炊きたてのご飯をすし桶に移し、*2*のすし酢をまわしかけ、ざっくりと混ぜる。食べやすく切った好みの具材を混ぜながら、団扇であおいで冷ます。

4 ケーキ型に型紙を置いて上にラップを敷き、もみの木、土、背景の具材を敷き詰める。

5 *4*の上に*3*の酢飯を詰めて平らにならし、皿をあて裏返してケーキ型をはずす。星型などに抜いた好みの飾り具材を散らす。

◎クリスマスツリーおすしケーキの飾り具材について

＊もみの木の緑↓ゆでほうれん草（醤油の下味）、木の幹↓椎茸の醤油煮、地面↓鶏のそぼろ、ツリー飾り↓黄色い星は薄焼き卵、他はゼリー、ピンクの背景↓白身魚のでんぶ（食紅で色づけ）。

＊もみの木は厚紙で型紙をつくり、形を整えました。ケーキ型もなければ空箱などで代用も。

＊飾り具材には、海老やサーモン、卵、菜の花など赤、黄、緑のものが入ると華やぎます。お雛祭りや誕生日などに、好きな絵柄でお楽しみを。

はじめて中国を旅したとき。早朝4時、ホテルの窓から外をのぞくと人が一方向にゾロゾロと歩いていて、「これは何かあるぞ」と友だちと後をついていくと、自由市場が！　そこで大勢の人が食べていたのが全粒粉のシャオピン（焼き餅）で、わたしたちがうらやましそうに見ていたら、親切な中国のかたが一つ分けてくださったのです。それがおいしくておいしくて。中国をもっと食べ歩かないといけないと決心したのでした。そうして中国に行くたびに、持ち帰ったスープボウルは3つ。本場の器に盛ると、食いしんぼうの旅がよみがえります。

卵とほうれん草のスープ

鶏スープ（水1ℓ、骨付き鶏肉200g、酒1/4カップ、生姜とネギ各適量、昆布10㎝角1枚で出汁をとる）を沸騰させ塩・コショウし、水溶き片栗粉でとろみをつけ中火に。塩ゆでほうれん草の葉と溶き卵を入れ、卵がふわっと浮いたら火を止める。

中国のスープボウル

食卓を囲み、
料理を分け合うのも文化。
汁物も大きなボウルから
小さな器に取り分けます。

韓国のクジョルパン

「タミが女学校に入ったら韓国に勉強に行かせたかったのよ」というのが母の口癖でした。昔から留学生を受け入れて行き来があった母は、隣国のよき慣習を学ばせたいと思っていたのです。ようやくわたしが韓国で学ぶ機会を得たのは昭和41年。母の思いとつながるように、韓国へよく行き、現地で素晴らしい先生方との交わりもあって、韓国の宮廷料理を学びました。八角形の漆器「クジョルパン」はお祝いや特別な席で出される料理の器で、そのまま伝統料理の名前になっています。

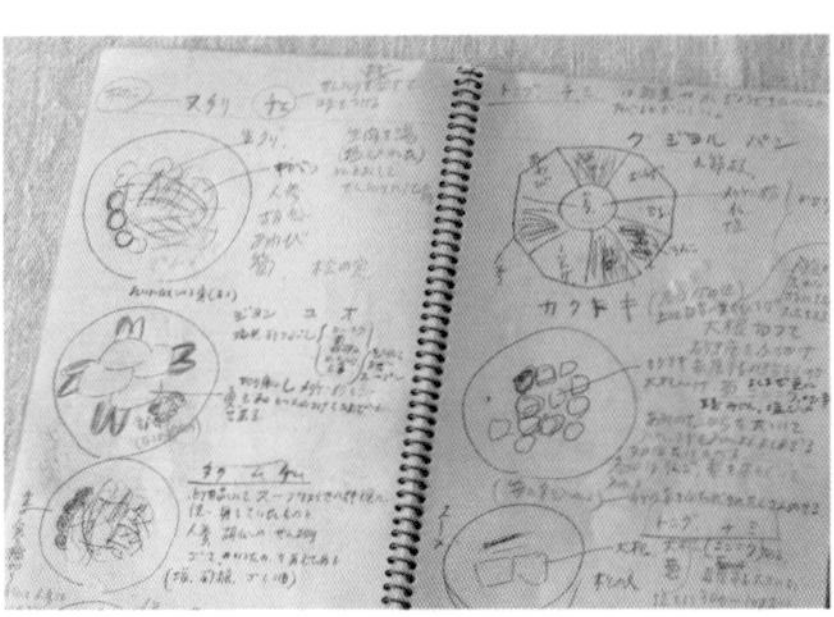

現地で習った料理を韓国名と絵付きで記したわたしのレシピ帖。

塾生たちにも、よその国の料理をつくるときは、器もその国のものに盛って教えてきました。料理の名前も、韓国料理なら韓国語、フランス料理ならフランス語といったように、その国の正しい料理名で伝えてきました。それが料理に込められた伝統を知り尊ぶことだと思ったのです。

欧米でもアジアでも、
今も生きている伝統の料理には
その国と深くつながる
歴史があります。

梅ヶ枝餅焼き器

太宰府天満宮にお参りした後のお楽しみは、なんといっても梅ヶ枝餅。パリッと香ばしい餅の皮と、甘いあんこが口の中で溶け合う瞬間がたまりません。「家でアツアツの焼きたてを食べてみたい」。ほうぼうにそう話していたら、太宰府のお店の古物を「商売に使わない前提なら」と譲っていただけました。

さっそく塾生みんなでワイワイと「梅ヶ枝餅研究」です。まず生地は、餅米とうるち米が7対3の割合。米粉はこだわって石臼で挽きます。苦戦したのは焼き方で、何しろ餅焼き器ははじめての道具ですから、練習、練習。失敗をして学びにします。そして、ついに焦げる寸前まで水分を飛ばすことで、パリッとした梅ヶ枝餅が焼けるように。アツアツを頬張ると塾生たちから「おいしい！」の歓声が上がります。料理研究の一番のタネは、「食べてみたい」のワクワクですね。

いっとき料理塾は梅ヶ枝餅屋さんのごとく。

梅ヶ枝餅の生地は
餅米とうるち米、お水だけ。
素朴な食べ物ほど奥深いです。

レシピノート

片づけをしていたら、若い頃にわたしが書いていたレシピノートが見つかってびっくりしました。もう80年近く前のもので、とじ糸が切れてボロボロになってしまったノートをめくりながら、料理を習い始めた17歳の頃を思い出しました。

書くのが追いつかないくらい、毎日が発見だらけだったあの頃。忘れたくないことばかりで、絵で説明描きをしているページもたくさんあって、そのときの情景が懐かしく浮かんできます。手書き文字が、アルバムのように記憶を呼び起こしてくれます。

卵酒

全卵1・5個分、卵黄1個、砂糖75gを鍋に入れ、白くなるまで泡立て器でよく混ぜる。熱湯250ccを卵が熱で固まらないように少しずつ注ぎながら素早くかき混ぜる。酒350ccを入れたら火にかけ、ヘラで練りながら少しとろみがつくまでアルコールを飛ばす。冷やしても美味。

捨てられず保管してた
若い頃のノート。
「病人料理」の卵酒など
今も役立つレシピばかり。

わたしの本棚

子供の頃から植物や昆虫、星の本が好きでした。昆虫の本を読むと外に出かけたくなるし、星の勉強をすると夜が待ち遠しくなります。大人になって料理を仕事にしたら、食の裏側にある歴史や文化がもっと知りたくなってきます。書斎には、本の棚に加えて、日本や外国のあちこちを旅して集めた食材の棚もあって、書斎には「知りたがり」があふれかえっています。

本棚には料理関係の本もそれ以外のジャンルの本もわたしの興味の向くまま、たくさんあります。とりわけ、法隆寺再建の宮大工・西岡常一さん、植物生態学者の宮脇昭先生、そして粉体工学の三輪茂雄先生のご本は、読めば読むほどためになります。本をきっかけに、三輪先生が主宰する石臼シンポジウムにも参加させていただき、71歳から新しい学びを始めました。いくつからでも学べる！　そんなふうに思っているから、楽しみは続きます。

粉や石臼のナゾを解き明かす、三輪先生の著書『篩（ふるい）』『石臼の謎』。粉好きのわたしは深く感銘を受けました。

韓国食生活文化の歴史
世界の民族
石臼の謎
日本料理
実用小辞典
日本名水紀行
パンの本
鮨
自然療法
Wiener Süßspeisen
男のグルメ
のり
ジャム
バルサミコ

マイサイズの靴

わたしの足の形、ちょっと変わっていて既製品の靴が合いません。それで子供の頃から、自分の足の形に合わせた靴を誂《あつら》えないといけませんでした。街の靴屋さんのウインドウにおしゃれな靴が飾ってあるととてもうらやましくなるけれど、合わないのだからしかたない。そのデザインをよ～く覚えておいて、生家近くにあった靴屋の職人さんにつくってもらっていました。

「ほんとうのことは、自分の目で知るのが一番」と思っていますから、若い頃からいろんな所へ旅に出かけました。欧米でもアジアでも国内でも、自分の足にぴったりの靴があれば、長旅でも疲れません。

今ある靴を並べてみると、旅先で影響を受けた個性的なデザインが多いですね。それと、靴も洋服も青いものが多いのは、海と空が好きだからかしら。

知りたいことは自分で足を運んで。アジアの奥地へも旅しました！

わたしの足に
ぴったりの靴があれば
どこへでも出かけられます。

小鳥たち

「タミ先生は、鳥がお好きなんですね」と塾生にいわれて、気づきました。玄関先、棚の中、寝室の枕元、観葉植物の枝、そして鴨居の上にも……。気に入った鳥の小物を何げなく飾っていたら、いつの間にかうちに棲《す》みついてしまったようですね。

自由に空を飛びまわって好きなところに行き、森や田畑の旬のものを食べ、台風や地震がくる前に山に帰っていく。そんな風に自然とともに生きる鳥たちに憧れます。

もしも、わたしが鳥になれたら、どうしてももう一度行きたい場所があります。それは、フランスの海に浮かぶお城のような修道院のモン・サン・ミッシェルと、世界で最も長い城壁である中国の万里の長城です。たどり着くまでの長い道のりを空から眺められたら、どんなに素晴らしいことかしら。いずれ、自分の体を離れるときが来たら、そのときこそ鳥のように飛んでいこうと思ってるんですよ。

とくに多いのが「福を呼ぶ」フクロウ。わが家のお守りです。

人生の最後まで
鳥たちのように
自然とともに生きたい。

台所じまいを終えて

街の家から、わたしの終《つい》の住処《すみか》になったのは大分の山奥。息子が建てたログハウスで、「いつか自然豊かな土地で木の家に暮らしたい」という、わたしの子供の頃からの夢を叶えています。

じつは昨年の秋、不注意で転んで入院をしていました。90歳を過ぎて手術ははじめての経験でしたが、治療のおかげで今は杖をついて歩けるまでに回復して、畑へも出られるようになりました。お医者さまも息子も「奇跡！」と驚く回復力だったようです。よく食べ、よく楽しんできた生き方が、わたしの心と体を強く養ってくれたのだと思います。

山の家の台所では、息子がわたしの体を思いやって、畑で育つ無農薬の野菜で、おいしい料理をこしらえてくれます。ケガをしてから、わたしはすっかり食べ係です。今日は採れたてのかぼちゃを、鉄のフライパンを使って薪ストーブで焼いてくれました。食いしんぼうは出来たてが一番好き。すぐに食べないといけません。

それでは、みなさんのおいしい幸せを祈ってますよ。

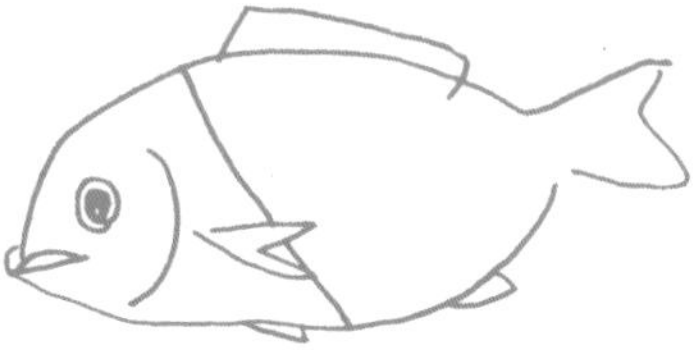

桧山タミ ひやま・たみ

1926年、福岡県生まれ。日本の料理研究家の草分けとして知られる故・江上トミ先生の愛弟子として戦前・戦後を通じて学ぶ。戦後、江上先生とヨーロッパ・アフリカを巡る視察旅行を皮切りに、その後も折々に海外へと出向き、世界の料理やその歴史・食材への見識を深める。61年に料理教室を開く。2019年、惜しまれながら桧山料理塾を閉じるまで約60年に渡り、愛情と自然の恵みを大切にする昔ながらの家庭料理を教え続ける。また、家庭料理とともに、生活者としての知恵や心がけを伝え、台所に立つたくさんの人たちを勇気づけている。著書に『いのち愛しむ、人生キッチン』『みらいおにぎり』（ともに文藝春秋）がある。

97歳《さい》 料理家《りょうりか》
タミ先生《せんせい》の台所《だいどころ》おさらい帖《ちょう》

2023年5月30日 第1刷発行

著者——桧山《ひやま》タミ
発行者——鳥山靖
発行所——株式会社文藝春秋
〒102-8008
東京都千代田区紀尾井町3-23
☎03-3265-1211（代）
印刷・製本——大日本印刷

デザイン——三木俊一（文京図案室）
企画・執筆——田中文
構成・編集・執筆——おおいしれいこ
撮影——繁延あづさ
イラストレーション——桧山タミ
料理——髙木尚子、弓削香理
写真協力——西部ガス株式会社
協力——檜山直樹

ISBN978-4-16-391701-6
Printed in Japan